# LE 18 BRUMAIRE

PARIS. — E. DE SOYE ET FILS, IMPR., 5, PL. DU PANTHÉON.

# LE

# 18 BRUMAIRE

PAR

## LE BARON DE LARCY

ANCIEN DÉPUTÉ

EXTRAIT DU CORRESPONDANT

## PARIS

CHARLES DOUNIOL ET Cⁱᵉ, LIBRAIRES-ÉDITEURS,

20, RUE DE TOURNON, 20.

1876

# LE 18 BRUMAIRE [1]

Dans nos précédentes études, nous avons suivi avec une curiosité émue et anxieuse les principales phases de la révolution, nous arrêtant surtout aux époques où il pouvait y avoir, au début, quelque espoir de contenir le torrent dévastateur, et, à la fin, de le voir en s'épuisant rentrer dans ses limites et reprendre la voie d'où il n'aurait jamais du sortir.

Après les journées des 5 et 6 octobre 1789, nous avons cru, avec Mounier et Lally-Tolendal, que toute résistance devenait désormais impuissante, ce qui pourtant ne veut pas dire, inutile ; car il est des temps où il faut savoir combattre, même avec la certitude de succomber. Les défaites d'un moment, supportées avec courage, présagent et préparent souvent des revanches pour des jours meilleurs.

Quant ensuite ces jours ont paru renaître, nous avons rendu hommage aux efforts de ceux qui au 13 vendémiaire et avant le 18 fructidor, avaient tenté de rendre à la France l'appui de ses traditions : nobles victimes de catastrophes bien douloureuses mais qui avaient du moins l'intérêt de la lutte.

[1] Voyez les articles insérés dans le *Correspondant*, du 25 août 1866 : *Louis XVI et Turgot ;* du 25 mars 1867 : *Louis XVI et les successeurs de Turgot ;* des 25 avril, 10 et 25 mai 1868 : *Louis XVI et les États généraux jusqu'aux journées des 5 et 6 octobre* 1789; du 10 juillet 1872 : *le 13 vendémiaire ;* du 10 janvier 1875 · *le 18 fructidor.*

Nous voici maintenant arrivés à une période d'affaissement dont la conclusion est prévue d'avance, où presque toutes les idées, qui depuis dix ans avaient enflammé les imaginations, ont perdu leur puissance, et où de cet immense et dévorant foyer, il ne reste plus que des cendres. Cette liberté qui ne pouvait supporter aucun frein, ces dogmes de la souveraineté populaire, qui semblaient le programme vainqueur d'un monde nouveau ne sont plus que des mots à peine sonores ; leurs derniers champions au moment décisif s'évanouiront comme des ombres.

Le caractère propre du coup d'État du 18 brumaire, c'est d'avoir été tellement imposé par la force des choses, tellement inévitable, qu'il s'est accompli de lui-même et en dépit des fautes évidentes de ses organisateurs. C'est l'épilogue fatal du drame ouvert en 1789.

De l'ensemble des scènes de ce drame, telles que nous les avons retracées, se déduit une loi de l'histoire qui peut se formuler ainsi : Les gouvernements purement démocratiques mènent souvent à l'anarchie, et l'anarchie mène toujours au despotisme.

I

Le Directoire se mourait, et avec lui la République : on avait essayé de toutes les formes qu'elle pouvait recevoir ; on les avait toutes épuisées et on aboutissait au néant. La Constitution de l'an III, la combinaison la plus savante et la plus honnête que les législateurs de la Révolution eussent encore imaginée, violée par ses auteurs et ses interprètes, au gré de leurs passions, succombait au bout de quatre ans sous le mépris public.

Sieyès, tout Directeur qu'il était, conspirait sourdement contre le gouvernement dont il faisait partie. Il s'était abouché, dans ce dessein, avec Lucien Bonaparte, membre du conseil des Cinq-Cents, mais il n'en était pas moins en garde contre le frère absent, déjà si célèbre, dont il redoutait l'ascendant et l'ambition. Il aurait voulu, avant son retour, accomplir ce qu'il appelait la réforme républicaine, au moyen de laquelle il devait réaliser ses rêves constitutionnels de dix années ; mais l'exécution l'embarrassait. Quelque puissante que lui parût sa propre tête, il lui fallait un bras, un général qui consentît à n'être que son lieutenant ; ce qui n'était pas facile à trouver.

Les jours s'écoulaient cependant dans l'attente et le marasme.

et la situation allait sans cesse s'aggravant. Voici le tableau que traçait de l'état de la France, en ces derniers jours de l'agonie directoriale, un observateur impartial et éclairé :

« Tous les propriétaires désespérés, les transactions suspendues, les biens fonds tombés dans un avilissement encore inconnu, le discrédit public détruisant toute confiance ; l'industrie anéantie, n'osant tenter un effort, à la vue des rapines du fisc, d'une guerre éternelle, et d'une confusion qui préparait la ruine générale ; le numéraire englouti, l'intérêt de l'argent proportionné aux risques de la chose publique et à la mobilité des événements [1] ; les contributions épuisées avant leur perception, progressivement insuffisantes à mesure qu'on les multipliait et frappées chaque jour d'un rapide décroissement ; les emplois publics décernés par l'esprit de faction et changeant sans cesse de titulaires ; la discorde parmi les gouvernants ; les pouvoirs publics en conspiration contre eux-mêmes ; les législateurs livrés au déchirement ; une corruption sans exemple infestant la République entière ; la pauvreté réduite à l'indigence, l'aisance à la pauvreté ; la richesse même ne pouvant plus suffire aux exactions ; enfin toutes les apparences de désorganisation ; tous les éléments d'une secousse qui devait changer le pivot mobile de l'empire : telle était la situation intérieure dans ce malheureux pays [2]. »

Deux mesures récentes avaient surtout exaspéré l'opinion ; la loi des otages qui rendait toutes les familles responsables des actes de rebellion vrais ou supposés de chacun de leurs membres, et l'emprunt forcé de cent millions, réparti arbitrairement, devenu la terreur de ce qu'il y avait encore de capitalistes.

Le malaise était tel que les succès tout récemment obtenus à Berghen, en Hollande, sur l'armée anglo-russe, et l'éclatante défaite de Souwarow, à Zurich, n'avaient pas eu le pouvoir de relever l'esprit public et de rendre le moindre prestige à ce gouvernement si profondément décrié.


II


C'est au milieu de ce désarroi universel, qu'éclata la nouvelle du débarquement de Bonaparte à Fréjus. On le croyait presque perdu dans les déserts de Syrie, et le voilà qui revenait d'Egypte, se

---

[1] Au 1er vendémiaire, an VIII, le tiers consolidé (5 pour %) était à 7 fr. 75 cent.

[2] Mallet du Pan. *Mercure britannique*, vol. IV, p. 305-348.

faisant précéder de l'annonce d'une victoire, n'étant ni mandé, ni attendu, envoyé en quelque sorte par la Providence, ou, comme il le disait lui-même, par la fortune. La sensation fut générale, instantanée, immense, et c'est au milieu des témoignages d'une faveur toujours croissante qu'il parcourut la distance qui le séparait de Paris. A Fréjus on s'était précipité au devant de lui, et les lois sanitaires s'étaient trouvées annulées, avec le concours de ceux-là mêmes qui avaient mission de les faire observer. La foule était telle sur les routes que les voitures avaient peine à avancer; les endroits par où il passait étaient illuminés le soir. A Lyon, on l'avait entraîné au spectacle pour lui décerner une ovation.

Enfin, au conseil des Cinq-Cents, après la lecture d'un bulletin de victoire de l'armée du Rhin, écouté avec calme, lorsque le secrétaire, continuant la lecture du message, prononça ces paroles, d'une froideur calculée : « Le Directoire vous annonce encore avec plaisir, citoyens représentants, qu'il a aussi reçu des nouvelles de l'armée d'Egypte. Le général Berthier a débarqué le 17 de ce mois à Fréjus, avec le général en chef Bonaparte... » A ces mots, l'Assemblée entière se leva, et des acclamations retentirent de toutes parts. Aux Anciens, Cornet, annonçant la mort de l'un des membres, Baudin des Ardennes, disait qu'il avait succombé à la joie que lui avait fait éprouver le retour de Bonaparte : « Héros de la liberté, ajouta-t-il, quel est donc l'ascendant de ton génie, si le plaisir de te revoir est si fatal à ceux qui t'aiment et t'admirent? »

On voit à quel diapason les imaginations étaient montées, et, qu'on s'en rendit compte ou non, cet enthousiasme était surtout un symptôme de la lassitude, de l'impatience publiques. On saluait, dans le nouvel arrivant, un libérateur, le soldat qui devait mettre fin à ce régime d'agitation stérile, de tyrannie, de faiblesse, et définitivement de misère, qui pesait à tout le monde. C'était la condamnation du Directoire, c'était aussi, à n'en pas douter, la condamnation de la République elle-même, c'est-à-dire de cet état soi-disant populaire qui manquait à la première mission d'un gouvernement, puisqu'il ne savait plus protéger ni rassurer personne.

C'est cette disposition de l'opinion publique, ce besoin irrésistible d'un changement qui fit tout le succès de cette nouvelle révolution. L'habileté des conjurés fut médiocre, et on verra par le récit des événements que Bonaparte lui-même faillit tout compromettre au moment décisif par ses maladroites imprudences.

Il arrivait avec le dessein de tenter un grand coup, mais son plan n'était pas encore arrêté. Dans sa première visite officielle au Directoire il se tint sur une grande réserve : « Je jure, dit-il, que

mon épée ne sera jamais tirée que pour la défense de la République
et de son gouvernement. » Il ressentait ou affectait une grande
froideur envers Sieyès, et il fit des tentatives pour entrer au Directoire et l'y remplacer; mais Gohier et Moulins lui opposèrent son
âge; ils lui offrirent un commandement aux armées, il refusa.

Ce fut le 8 brumaire, après un dîner chez Barras qui se montra
peu disposé à le seconder, que Bonaparte irrité alla trouver Sieyès
et s'engagea avec lui [1]. Malgré ses répugnances, Sieyès se vit obligé
d'accepter l'alliance qui lui était offerte. Cette épée qu'il avait tant
désirée, elle se présentait enfin; il la trouvait trop longue : mais
elle s'imposait et il n'avait pas le choix. « Puissions-nous, disait-il
tristement à Lucien, ne pas être menés plus loin que nous ne vou-
drions! Nous n'avons pas, dans notre pays, d'institution publique
capable d'imposer des limites à l'enthousiasme de la foule; mais le
sort en est jeté. C'est autour de votre frère qu'il faut maintenant
tous nous grouper! »

L'entrevue décisive entre Bonaparte et Sieyès eut lieu, le
10 brumaire, chez Lucien. Sieyès comprit tout de suite qu'il n'était
plus le chef du mouvement.

Dès qu'il voulut indiquer ses projets de réforme constitutionnelle [2], Bonaparte l'interrompit : « Vous ne songez pas, sans
doute, lui dit-il, à présenter à la France une nouvelle constitution toute faite! Quant à moi, je ne voudrai jamais rien qui ne
soit librement discuté et approuvé par une votation universelle
bien constatée. Mais ce n'est pas l'affaire d'un moment et nous
n'avons pas de temps à perdre. Il nous faut nécessairement un gouvernement provisoire qui prenne l'autorité le jour même de la
translation des conseils et une commission législative pour préparer une constitution raisonnable et la proposer à la votation du
peuple. Occupez-vous donc exclusivement de la translation à Saint-
Cloud et de l'établissement simultané d'un gouvernement provisoire.
Puisqu'on le juge nécessaire, je consens à être un des trois consuls
provisoires, avec vous et votre collègue Roger-Ducos. Quant au
gouvernement définitif, c'est autre chose : nous verrons ce que vous
déciderez avec la commission législative. Cela dépendra de ce que
vous règlerez! » Comme nous gardions le silence, ajoute Lucien,
Bonaparte s'approcha de Sieyès, et lui dit d'un ton plus animé :
« Est-ce que vous ne voudriez pas soumettre votre plan à une commission? Est-ce que vous croyez pouvoir rien faire sans un consulat
provisoire? Quant à moi, sans aller plus loin, je vous déclare fran-

---

[1] Gourgaud. *Mémoires*, t. Ier, p. 70. — Gohier, t. Ier, p. 221.
[2] *Révolution de Brumaire*, par Lucien Bonaparte, prince de Canino. 1845.

chement qu'en ce cas vous ne devez plus compter sur moi. Voyez : pensez-y bien, nous pourrons nous revoir ici quand vous voudrez. »

Sieyès fut anéanti. La portée de ce nouveau plan lui apparaissait sans voile ; il voyait clairement que sa chère constitution s'évanouissait comme un rêve, et servirait tout au plus à loger un despote. Il eut un cruel moment de déception et de dépit. Voilà donc où venaient aboutir ses fameuses théories de 89 ! mais il sut se contenir : il fit taire à la fois son amour-propre et ce qui lui restait de conscience républicaine. Il sentit que la France et lui allaient avoir un maître, et il se résigna, songeant sans doute déjà au domaine national qu'il demanderait en compensation.

III

Bonaparte devenait ainsi le chef incontesté de l'entreprise. Il se croyait sûr de la victoire : il avait foi dans son étoile à tel point qu'il dédaigna de préciser suffisamment les détails d'exécution du plan et de prendre certaines précautions qu'on lui indiquait comme nécessaires. Cette négligence faillit lui être funeste, et aurait pu compromettre le succès, s'il n'avait été comme garanti par la force des choses.

Les obstacles, en effet, ne manquaient pas ; on avait contre soi la majorité du conseil des Cinq-Cents et l'opposition de plusieurs généraux, parmi lesquels Bernadotte, Jourdan et Augereau. Ces deux derniers avaient témoigné leur mécontentement en refusant d'assister au grand banquet qui avait été offert par les Conseils à Bonaparte et à Moreau le 16 brumaire, dans l'église Saint-Sulpice transformée en temple de la Victoire.

Ce repas fut froid et contraint ; après quelques toasts insignifiants, Bonaparte qui avait bu *à l'union de tous les Français,* se leva le premier et sortit. Il se rendit aussitôt à un nouveau conciliabule où se trouvaient Sieyès et Lucien, et où l'on convint des derniers arrangements pour la journée du surlendemain.

La désorganisation du Directoire était assurée. Sieyès et Roger Ducos devaient, au moment de la crise, donner leur démission, et Bonaparte comptait sur celle de Barras qui n'oserait jamais, disait-il, se prononcer contre lui. Il en avait pour garant l'adhésion du ministre de la police, Fouché, qui était dans la conspiration et entraînait avec lui ce parti si nombreux des corrompus de tous les régimes révolutionnaires, dont Barras et lui étaient les chefs, et qu'on appelait alors les *Pourris* [1].

La majorité des Anciens était gagnée : il était convenu qu'elle prendrait l'initiative du mouvement, ordonnerait, aux termes de l'article 102 de la Constitution, la translation des Conseils à Saint-Cloud, et proposerait ensuite les mesures décisives, qui devaient inaugurer le nouveau gouvernement. On espérait, on ne doutait pas, que la majorité des Cinq-Cents ne suivît cet exemple. Cependant Sieyès et Lucien pensaient qu'il était prudent de s'assurer d'avance la majorité, en s'abstenant d'adresser des lettres de convocation à une vingtaine de membres, dont on craignait les violences. Bonaparte refusa absolument de recourir à ce moyen qu'il trouvait indigne de lui. « Je ne veux pas, disait-il, qu'on m'accuse d'avoir eu peur d'Augereau et de Jourdan. Tous les députés seront admis : je ne veux pas de consigne et je réponds de tout! » Première faute : l'événement prouva que la fraude imaginée par Sieyès n'était pas inutile.

Tout étant ainsi convenu, les conjurés se séparèrent, Bonaparte, voulant cependant user de petites supercheries qu'il croyait habiles, fit dire au président du Directoire, Gohier, qu'il irait dîner chez lui le lendemain, 18 brumaire, et non content de cette première malice, il fit envoyer, dans la soirée du 17, à minuit, un billet par sa femme Joséphine, pour inviter M. et M^me Gohier à venir déjeûner avec eux le matin du même jour à huit heures. Gohier, se méfiant d'un appel aussi matinal, permit seulement à sa femme de se rendre à l'invitation, et resta au Luxembourg avec Moulins; ils y furent l'un et l'autre paralysés par l'inertie et enfin par la démission de Barras.


IV


Au même moment le Conseil des Anciens était rassemblé, et on ne s'était pas gêné cette fois pour laisser incomplètes les cartes de convocation.

A l'ouverture de la séance, Cornet et Régnier, prenant la parole, parlent en termes vagues des dangers de la République et proposent la translation des Conseils à Saint-Cloud. Le décret est aussitôt rendu sans discussion; les Conseils devaient se trouver assem-

---

[1] Ce chaos de vices, de passions, d'intérêts, d'idées contraires, que présentait la République mourante, Barras en était à lui seul l'emblème vivant. (Thiers. *Histoire de la Révolution*, t. X. p. 240.)

blés dans leur nouvelle résidence, le lendemain 19 à midi. Jusque-là la Constitution paraissait respectée, mais les articles 3 et 4 du décret contenaient une innovation qui n'allait à rien moins qu'à annuler complétement les pouvoirs du Directoire. Le général Bonaparte était chargé de l'exécution du décret et toutes les troupes de la 17e division militaire étaient placées sous ses ordres; il devait être appelé dans le sein du Conseil pour recevoir communication du décret et prêter serment, on ne disait ni à qui, ni à quoi.

Bonaparte prévenu par le député Cornet, qui s'était rendu chez lui dans sa maison de la rue Chantereine et qui avait voulu remplir lui-même les fonctions de messager d'État, se saisit du décret et en donne lecture aux nombreux officiers réunis autour de lui. Le général Lefebvre, commandant de la 17e division, se trouvait ainsi, tout d'un coup, placé en sous-ordre; il était entré avec humeur :

— Eh bien, Lefebvre, dit Bonaparte, voulez-vous laisser périr la République dans les mains de ces avocats? Unissez-vous à moi pour m'aider à la sauver; tenez, voilà le sabre que je portais aux Pyramides; je vous le donne comme un gage de ma confiance. »

— Oui, reprend Lefebvre entraîné, jettons les avocats à la rivière!

Bonaparte monte aussitôt à cheval et se rend aux Tuileries, où siégeaient les Anciens, accompagné de son cortége de généraux, Berthier, Macdonald, Lannes, Murat, Leclerc, Lefebvre, Moreau lui-même, dont le caractère indécis et faible acceptait sans murmure le second rang. Bernadotte s'était retiré, en apprenant ce dont il s'agissait, mais il avait, paraît-il, promis de rester neutre. Augereau et Jourdan, se tenant complétement à l'écart, gardaient seuls une attitude opposante.

Bonaparte entre dans la salle, toujours suivis de son état-major; il s'avance à la barre et s'exprime en ces termes : « Citoyens représentants, la représentation nationale périssait; vous vous êtes disposés à la sauver. Rien dans l'histoire ne ressemble à la fin du dix-huitième siècle, rien dans la fin de ce siècle ne ressemble au moment actuel. Malheur à ceux qui voudraient le trouble et le désordre! Je les arrêterai, aidé de Lefebvre, de Berthier, et de tous mes compagnons d'armes. Nous voulons une république fondée sur une vraie liberté, sur la liberté civile, sur la représentation nationale : nous l'aurons; je le jure, en mon nom et en celui de mes compagnons d'armes. » Les tribunes applaudissent. Le président répond : « Général, le Conseil des Anciens reçoit vos serments; il ne forme aucun doute sur votre zèle et votre fidélité à les remplir. Celui qui ne promit jamais en vain des victoires à la patrie, ne peut qu'exécuter avec dévouement ses nouveaux engagements de la servir et de lui rester fidèle. »

Bonaparte sort, passe en revue les troupes réunies dans le jardin et fait afficher deux proclamations à la garde nationale et à l'armée, faisant suite à celle qui avait déjà été votée par les Anciens. C'était toujours la même phraséologie : « Les mesures prises n'avaient d'autre objet que de garantir la sûreté de la représentation nationale menacée, » mais un silence absolu était gardé sur le maintien de la Constitution. Une phrase singulière se faisait remarquer dans la proclamation de Bonaparte aux soldats : « La République, disait-il, est mal gouvernée depuis deux ans ». C'est-à-dire tout juste depuis cette journée du 18 fructidor, à laquelle il avait si vivement poussé, et qui était en grande partie son ouvrage. Mais ni lui, ni le public ne s'offusquaient d'une pareille contradiction, si choquante qu'elle fût.

Le général distribue ensuite ses postes pour surveiller les principaux points de Paris. Moreau accepte la charge de la garde du Luxembourg et des directeurs qui y étaient renfermés. En vain ceux-ci avaient fait appeler le général Lefebvre pour rendre compte de sa conduite ; celui-ci fait répondre que le décret des Anciens l'a placé sous les ordres de Bonaparte. Barras n'en demande pas davantage ; il envoie son secrétaire Bottot pour annoncer qu'il donne sa démission et réclamer une sauvegarde qui le protège dans sa retraite à sa terre de Grosbois. Bonaparte était alors entouré des inspecteurs de la salle des Anciens, et d'un grand nombre de complices et de curieux. Tout en accordant avec empressement à Bottot la sauvegarde demandée, il saisit cette occasion pour faire une scène calculée et s'adressant, pour ainsi parler à la cantonnade, il lance au malheureux Bottot, qui n'en pouvait mais, cette véhémente apostrophe :

« Qu'avez-vous fait de cette France que je vous avais laissée si brillante ?... Je vous ai laissé la paix : j'ai retrouvé la guerre ! Je vous ai laissé des victoires : j'ai retrouvé des revers ! Je vous ai apporté des millions d'Italie : j'ai retrouvé partout des lois spoliatrices et la misère !... Qu'avez-vous donc fait des cent mille Français que je connaissais, mes compagnons de gloire ? — Ils sont morts !!!

« Cet état de choses ne peut durer, avant trois ans, il nous mènerait au despotisme. Nous voulons la République, assise sur les bases de l'égalité, de la morale, de la liberté civile, et de la tolérance politique. Avec une bonne administration, tous les individus oublieront les factions dont on les fit membres et il leur sera permis d'être Français. Il est temps enfin de rendre aux défenseurs de la patrie la confiance en laquelle il ont tant de droits. Nous ne voulons pas de gens plus patriotes que les braves mutilés au service de la république ! »

C'était, en germe, tout le programme administratif et militaire du Consulat.

Réduits à eux-mêmes par la démission de Barras, Gohier et Moulins vinrent aux Tuileries, pour faire un dernier acte de présence directoriale ; Bonaparte essaya de les rallier à sa cause. Voyant qu'il n'y pouvait parvenir, il le prit de très-haut, avec Moulins surtout :

— Vous êtes le parent de Santerre ; dites-lui que s'il fait un mouvement, je le fais fusiller.

— Je ne suis point le parent de Santerre, répondit Moulins : il ne marcherait d'ailleurs qu'autant qu'il en recevrait l'ordre d'une autorité que vous-même encore n'avez pas méconnue.

— Il n'y a plus de Directoire, dit nettement Bonaparte.

— Vous vous trompez, général, dit Gohier : car vous savez que c'est chez son président que sur votre demande vous deviez dîner aujourd'hui.

Gohier croyait être sanglant, mais avec un tel interlocuteur, son ironie devenait par trop innocente.

Cette entrevue ne pouvait avoir d'autres suites. Les directeurs retournèrent au Luxembourg où ils furent cette fois tout-à-fait prisonniers. Moulins s'évada ; Gohier fut relâché, le lendemain des scènes de Saint-Cloud, après avoir vainement tenté de faire parvenir une protestation aux deux Conseils.

Telle fut la triste fin des directeurs, et voici leur épitaphe faite par M. Gohier lui-même : « Ce fut sous le canon de Bonaparte, au 13 vendémiaire, que leur autorité vint au monde ; c'était par les baïonnettes de Bonaparte qu'elle devait périr. »

Réuni par Lucien à midi, le Conseil des Cinq-Cents se borna à enregistrer le décret des Anciens. Un membre voulut demander la parole ; on lui ferma la bouche en vertu d'un article de cette même Constitution qu'on était en train de détruire.

L'ancien pouvoir exécutif n'existait plus et ses agents venaient d'eux-mêmes se ranger sous les ordres de l'autorité nouvelle. Fouché, agissant en qualité de ministre de la police comme s'il était autorisé par le Directoire, destitua toutes les municipalités de Paris, et confia l'administration au commissaire du Directoire qui ne devait plus recevoir d'ordres que de lui. Le *Moniteur* annonça le lendemain ce coup d'État municipal comme la chose du monde la plus simple. La même feuille dénonçait en même temps un prétendu complot jacobin, tramé dans une réunion tenue à l'hôtel de

Salm : « c'était pour le prévenir que les mesures du Conseil des
Anciens avaient été prises. » Du reste, ajoutait l'organe officiel,
« Paris est si tranquille que dans plusieurs quartiers, on ne se
doutait encore de rien », et une dernière proclamation du ministre
Fouché « invitait les faibles à se rassurer, parce qu'ils sont avec
les forts; que chacun suive avec sécurité le cours de ses affaires
et de ses habitudes politiques! Tout ira bien. »

Ainsi s'écoula la journée du 18. Chacun dormit plus ou moins
tranquillement, mais personne ne bougea. Le lieu de la scène devait être le lendemain transporté à Saint-Cloud et la seconde
journée, quoique plus agitée et plus critique, devait avoir pour résultat de confirmer et de compléter les événements de la première.


\


Le 19 brumaire, à midi, les membres des deux Conseils étaient
réunis à Saint-Cloud.

Les Anciens devaient siéger dans la galerie de Mignard, et les
Cinq-Cents à l'orangerie.

Les députés arrivaient nombreux et animés; plusieurs membres
des Anciens commençaient à trouver qu'on les faisait aller trop
avant, et les Cinq-Cents manifestaient des intentions complétement
hostiles. Sieyès déplorait qu'on n'eût pas suivi son conseil, et
qu'on eût admis Jourdan, Augereau et plusieurs autres chefs de
l'opposition qu'il redoutait.

Evidemment les conjurés ne s'étaient pas arrêtés à un parti
tranché et décisif. Ils n'avaient pas renoncé à la violence, mais ils
n'osaient pas l'employer ouvertement. Ils avaient conçu l'espoir
de réduire les Cinq-Cents par l'intimidation et de colorer leur
coup d'Etat par des apparences de légalité; mais dans cette pensée
même les dispositions avaient été mal prises. Il n'y avait pas de
plan arrêté et combiné d'avance.

Chose singulière! Lucien Bonaparte en montant au fauteuil des
Cinq-Cents n'était pas prévenu de ce qu'allait faire son frère. Il
attendait un message des Anciens, contenant les propositions con-
venues dans leur conciliabule, à savoir : la nomination des consuls
provisoires et des Commissions législatives remplaçant les Conseils.
Il ignorait qu'au même moment le général était aux Anciens occupé
à prononcer une harangue inutile, compromettante, et qui faisait
perdre un temps précieux.

Bonaparte n'avait pas l'assurance de la veille; son émotion était
visible et il cherchait à la dissimuler par son attitude hautaine et

la brusquerie de ses paroles : « Vous êtes sur un volcan, dit-il, permettez-moi de vous parler avec la franchise d'un soldat : écoutez-moi jusqu'au bout. Hier, j'étais tranquille à Paris, lorsque vous m'avez appelé pour me notifier le décret de translation et me charger de l'exécution. Et bien aujourd'hui on m'abreuve de calomnies ! on parle de César ; on parle de Cromwell ; on parle de gouvernement militaire ! Le gouvernement militaire ! si je l'avais voulu, serais-je accouru prêter mon appui à la représentation nationale ? Les moments pressent, il est essentiel que vous preniez de promptes mesures. Quatre directeurs ont donné leur démission ; la notification vient de vous en être faite ; j'ai cru devoir mettre en surveillance le cinquième. Le Conseil des Cinq-Cents est divisé ; il ne reste que le Conseil des Anciens. C'est de lui que je tiens mes pouvoirs, qu'il prenne des mesures ; me voilà pour les exécuter, sauvons la liberté ! sauvons l'égalité ! »

Et la Constitution ! s'écrie le député Linglet.

Cette interruption déconcerte un instant Bonaparte, mais d'une voix entrecoupée, il reprend : « La Constitution, vous l'avez vous-mêmes anéantie ! au 18 fructidor vous l'avez violée, vous l'avez violée au 22 floréal, vous l'avez violée au 30 prairial ; elle n'obtient plus le respect de personne !..... Je dirai tout ! depuis mon retour, toutes les factions se sont pressées autour de moi pour me circonvenir ; je ne suis point un intrigant ! Vous me connaissez ; je crois avoir donné assez de gages de mon dévoûment à la patrie..., si l'on entend par Constitution ces principes sacrés qui consacrent les droits du peuple, mes camarades et moi sommes prêts à verser notre sang pour les défendre ; mais je ne prostituerai pas la dénomination d'acte constitutionnel en l'appliquant à des dispositions purement réglementaires ; au reste je déclare que ceci fini, je ne serai plus rien dans la république que le bras qui soutiendra ce que vous aurez établi ! »

Tout cela avait été dit en assemblée particulière des Anciens. La séance redevient publique, et le Conseil accorde au général Bonaparte le droit d'y prendre place. Il continue à déclamer en termes vagues et violents : « Les factions, dit-il, sont venues frapper à ma porte ; je ne les ai point écoutées parce que je ne suis que du grand parti du peuple français... Si je suis un perfide, soyez tous des Brutus, et vous, mes camarades, qui m'accompagnez, vous, braves grenadiers que je vois autour de cette enceinte, que ces baïonnettes, avec lesquelles nous avons triomphé ensemble, se tournent aussitôt contre mon cœur ! Mais aussi, si quelque orateur, soldé par l'étranger, ose prononcer contre votre général les mots : Hors la loi ! que la foudre de la guerre l'écrase à l'instant. Souvenez-

vous que je marche accompagné du Dieu de la guerre et du Dieu
de la fortune ! »

Cornudet et Fargues appuient les dénonciations de Bonaparte
et demandent l'impression de son discours qui est votée ; on
réclame un comité secret, mais plusieurs voix s'élèvent et insistent
pour que le général soit tenu de s'expliquer publiquement ; le président Lemercier, lui-même, le somme de nommer les conspirateurs
qu'il a signalés.

« Chacun avait ses vues, répond-il, chacun avait sa coterie. Le
citoyen Barras, le citoyen Moulins avaient les leurs ; ils m'ont fait
des propositions... Ils ne seraient pas plus coupables qu'un très-
grand nombre d'autres Français, s'ils n'eussent fait qu'articuler
une chose connue de la France entière. Puisqu'il est reconnu que
la Constitution ne peut plus sauver la république, hâtez-vous de
prendre des mesures pour l'empêcher de périr, si vous ne voulez
pas recevoir de sanglants et d'éternels reproches du peuple français, de vos familles et de vous-mêmes ! [1] »

Ces discours incohérents, mélange d'emphase, de fausseté, de ruse
et d'audace avaient médiocrement réussi ; le Conseil paraissait toujours incertain. Mis en demeure de préciser les complots qu'il dénonçait, Bonaparte n'avait répondu que par de vaines allégations ; se
sentant à bout de voie, il prit le parti de se retirer « n'ayant plus
d'autre moyen de sortir du défilé périlleux où il s'était engagé [2]. »

Il se dirigea alors vers les Cinq-Cents, mais il devait y trouver
un auditoire encore plus mal préparé à le recevoir et à l'écouter.


## VI


À l'ouverture de la séance, le président Lucien comptait, nous
l'avons dit, sur une proposition des Anciens. Ce message n'arrivant
pas, le député Gaudin, après quelques paroles où revenaient toujours les dangers de la patrie et la nécessité d'y porter remède,
« faisant appel en brumaire au dévoûment de fructidor, » demande
qu'une commission de sept membres soit nommée pour faire un
rapport sur la situation de la république et les mesures de salut
public qu'il conviendrait de prendre.

La proposition faiblement appuyée excite de violents murmures.

[1] Ces discours ont été reproduits diversement ; ils sont ici conformes au
texte des procès-verbaux des Conseils.

[2] C'est Lucien Bonaparte qui s'exprime ainsi lui-même dans sa *Révolution
de Brumaire.*

Delbrel s'écrie de sa place : « Avant tout la Constitution, la Constitution ou la mort ! » Le tumulte s'apaise enfin. Le député Grandmaison s'étonne et s'indigne de ce que le Conseil n'a pas encore été instruit du plan et des détails de cette conspiration qui a motivé la translation à Saint-Cloud, et il propose qu'à l'instant tous les membres du Conseil soient tenus de renouveler leur serment de fidélité à la Constitution de l'an III. Vivement applaudie, la proposition est immédiatement votée, et chaque député prête individuellement le serment à la tribune par appel nominal.

Après cette longue opération, on demande que le Conseil informe le Directoire de son installation à Saint-Cloud; mais qu'est devenu le Directoire? A peine la question était-elle posée qu'une lettre est remise au président. C'était la démission de Barras qui « plein de confiance dans le guerrier illustre auquel il avait eu l'honneur d'ouvrir le chemin de la gloire, rentrait avec joie dans les rangs des simples citoyens, heureux, après tant d'orages, de remettre entiers et plus respectables que jamais les destins de la République dont il a partagé le dépôt. »

On se mit à discuter sur le point de savoir s'il convenait de former, séance tenante, la liste des dix candidats parmi lesquels devait être choisi le futur Directeur. Lucien, toujours inquiet de ne recevoir aucune nouvelle des Anciens, s'apprêtait à mettre aux voix la remise au lendemain demandée par le député Crochon; Grandmaison jetait des doutes sur la légalité de la démission de Barras : « Avant tout, disait-il, il faut savoir si cette démission n'est pas l'effet des circonstances extraordinaires où nous nous trouvons, et je crois que parmi les membres qui sont ici, il en est qui savent trop bien d'où nous sommes partis et où nous allons. »

Tout à coup l'orateur est interrompu par un grand mouvement qui se manifeste vers la porte d'entrée et qui semble être le commentaire vivant de ses dernières paroles. Au lieu du message des Anciens, tant désiré par Lucien, des militaires s'introduisent dans la salle.

Le général Bonaparte entre; il est suivi de quatre grenadiers de la garde du Corps législatif. D'autres soldats, des officiers, des généraux occupent l'entrée de l'orangerie : l'Assemblée entière, indignée de ce spectacle, est debout; une foule de membres s'écrient : « Qu'est-ce que cela? des sabres ici ! des hommes armés ! » Beaucoup de députés se précipitent au milieu de la salle, entourent Bonaparte, le tiennent au collet, et le repoussent; beaucoup d'autres se lèvent sur leurs sièges et s'écrient : « Hors la loi ! à bas le dictateur ! à bas le Cromwell ! Est-ce pour cela que tu as vaincu? » Le général Lefebvre et plusieurs grenadiers s'avancent précipitamment ; les grenadiers crient : « Sauvons notre général, » et l'entraînent hors de la salle [1].

Une agitation inexprimable règne dans l'enceinte. Les spectateurs s'étaient élancés par des fenêtres dans le jardin sur lequel est assise l'orangerie.

L'Assemblée reste très-longtemps agitée.

Quelques officiers et grenadiers, restés dans la salle, reçoivent les reproches les plus vifs de la part d'une foule de membres pour avoir laissé pénétrer des personnes armées au sein du Conseil..... Le président réclame le silence : « Le mouvement, dit-il, qui vient d'avoir lieu prouve ce que tout le monde a dans le cœur et ce que j'ai moi-même dans le mien : il était cependant naturel de croire que la démarche du général n'avait pour motif que de rendre compte de quelque objet intéressant la chose publique, mais je crois qu'en tout cas nul de vous ne peut soupçonner..... »

De vives interruptions se font entendre : « Aujourd'hui Bonaparte a terni sa gloire !.... Bonaparte s'est conduit en roi..... Nous demandons que le général Bonaparte soit traduit à la barre pour y rendre compte de sa conduite ! » C'est alors que Lucien Bonaparte quitte le fauteuil et se fait remplacer par Chazal.

Tel est le récit du *Moniteur*, et l'on voit qu'il n'y est question ni de poignards ni de tentatives à main armée sur la personne de Bonaparte pas plus que sur celle du président.

C'est le *Moniteur* du 20 brumaire, du lendemain même de la scène, et l'on n'avait pas encore eu le temps d'arranger le récit pour le faire cadrer avec le but qu'on se proposait.

Tout autre est le compte-rendu du procès-verbal officiel de la séance des Cinq-Cents, qui contient un récit composé tout exprès pour représenter Bonaparte comme une victime, et les députés comme des assassins :

« Le général Bonaparte paraît dans la salle, il est sans armes et « s'avance vers le bureau ; il veut rendre compte de la mission « qu'il a reçue...

« A l'instant les membres de cette minorité furieuse et conspi-

---

[1] Voici comment Fouché alors étroitement lié à la fortune de Bonaparte, rend compte de son attitude à cette heure suprême : « Les grenadiers voyant pâlir et chanceler leur général, traversent la salle pour lui faire un rempart, ainsi dégagé, la tête perdue, il remonte à cheval, prend le galop, se dirige vers le pont de Saint-Cloud, crie à ses soldats : « Ils m'ont voulu tuer, ils « m'ont voulu mettre hors la loi, ils ne savent donc pas que je suis invulné- « rable, que je suis le dieu de la guerre ! » Murat l'ayant joint sur le pont, « l'encourage et le ramène à l'entrée de la salle. » (*Mémoires de Fouché*), t. 1er p. 143.

« ratrice se précipitent les uns à la tribune, les autres vers le
« général : on entend vociférer les mots : « A bas le tyran ! à bas le
« dictateur. »

« Plusieurs font à grands cris la proposition de déclarer le
« général Bonaparte : hors la loi ; d'autres s'écrient : « Tue, tue ! » Ils
« s'élancent sur lui, prêts à l'atteindre, les uns armés de pistolets
« et de poignards, les autres le menaçant avec la main. Deux des
« grenadiers de la garde du Corps législatif, accourus au bruit de
« cet effroyable désordre, lui font un rempart de leur corps et le
« dérobent aux coups des assassins qui ne dissimulent pas leur
« rage et exhalent hautement leurs regrets de n'avoir pu le poi-
« gnarder. En même temps le président est assailli, menacé par
« une partie des assassins ; l'un d'eux lui présente le bout de son
« pistolet. »

Et voilà comment s'écrit l'histoire officielle ! On imagina même
plus tard de désigner, par des noms propres, au moins un assassin
et une victime ; on mit un poignard dans les mains du député Aréna
qui démentit le fait publiquement, et le grenadier Thomé reçut
une pension, qu'il ne refusa pas, pour avoir eu, disait-on, son
habit percé d'un poignard.

La séance continua au milieu du trouble, Bertrand, du Calvados,
Digneffe, Talot, Grandmaison, Destrem, font des propositions incon-
testablement très-légales et tendant à faire décréter l'inconstitution-
nalité de la nomination de Bonaparte, ou du moins à lui enlever le
commandement de la garde du Corps législatif.

Lucien Bonaparte veut prendre la parole pour excuser son frère ; il
est interrompu et déclarant alors qu'il se sent opprimé, il dépose en
signe de deuil, sur la tribune, ce qu'il appelle les marques de la
magistrature populaire, c'est-à-dire la toge dont il était revêtu. Ce
mouvement produit une certaine sensation ; il en profite pour se
placer au milieu d'un détachement qu'il avait fait requérir quelques
instants auparavant, et se dirige vers la porte. L'enceinte se trouve
alors en proie à un tumulte inexprimable.

Lucien sorti, se précipite dans la cour du palais, où il aperçoit son
frère à cheval, immobile et soucieux, au milieu des groupes et des
généraux. « Un cheval pour moi, général, et un roulement de tambour ! » il monte aussitôt sur le cheval d'un dragon, et harangue les
troupes : « Français, dit-il, le président du Conseil des Cinq-Cents
vous déclare que l'immense majorité de ce Conseil est en ce moment
sous la terreur de quelques représentants à stylets, et ces audacieux
brigands, inspirés sans doute par le génie fatal du gouvernement
anglais, se sont mis en rébellion contre le Conseil des Anciens, en
demandant la mise « *hors la loi* » du général chargé d'exécuter le

décret de ce Conseil... Général, et vous soldats, et vous tous citoyens, vous ne reconnaîtrez pour députés de la France que ceux qui se rendent avec leur président, au milieu de vous ! quant à ceux qui persisteraient à rester dans l'orangerie pour y voter des « *hors la loi !* » que la force les expulse ! ces proscripteurs ne sont plus les représentants du peuple, mais les représentants du poignard ! »

L'instant était suprême ; Bonaparte n'hésite plus et donne l'ordre de dissoudre l'Assemblée. Murat et Leclerc (ses deux futurs beaux-frères) entraînent alors un bataillon de grenadiers et le conduisent à la porte de l'Assemblée. Le pas de charge se fait entendre sur les degrés qui conduisent à la salle. Les spectateurs rentrés s'élancent de nouveau aux fenêtres. Les représentants du peuple sont debout en criant : Vive la République ! Vive la Constitution de l'an III !

Un corps de grenadiers du Corps législatif paraît à la porte, les tambours battant la charge, et l'arme portée : il s'arrête. Un chef de brigade de cavalerie élevant la voix : « Citoyens représentants, on ne répond plus de la sûreté du Conseil, je vous invite à vous retirer ! » Les cris de : Vive la République ! recommencent. Un officier des grenadiers du Corps législatif monte au bureau du président :

« Représentants, dit-il, retirez-vous ! le général a donné des ordres. » Le tumulte le plus violent continue. Les représentants restent en place. Le général Leclerc s'écrie : « Au nom du général Bonaparte, le Corps législatif est dissous : que les bons citoyens se retirent ! Grenadiers en avant ! » L'ordre de faire évacuer la salle est donné et s'exécute au bruit d'un roulement de tambour ; les représentants sortent en criant : Vive la République ! Les grenadiers sont maîtres de la salle ; ils achèvent de pousser les spectateurs et les représentants hors de l'aile du château. A cinq heures et demie du soir tout était terminé.

Nous avons suivi jusqu'au bout le récit du *Moniteur*, et on peut le tenir pour aussi véridique que possible.

Lucien, on le voit, avait été le héros de cette triste journée. Il éprouvait un sentiment de regret bien plus que de remords d'avoir été obligé d'employer la force, il en reportait la responsabilité sur son frère et l'accusait « d'avoir mis tout en péril par ses deux démarches intempestives aux Anciens et aux Cinq-Cents. »

Le fait est que, dans cette singulière échauffourée, Bonaparte, au début plein de confiance et méprisant la timide prudence de Sieyès, avait à la fin plus ou moins perdu la tête. On a prétendu que lorsqu'il se rendait aux Anciens, ayant rencontré Augereau qui lui dit d'un ton railleur : « Vous voilà dans une jolie position ! » il aurait répondu : « Les affaires étaient dans un plus mauvais état à Arcole ! » et cependant il n'emporta rien d'assaut. Il se borna à parler, se complut même à déclamer dans un style emphatique et bizarre, et sans avoir réussi à entraîner les Anciens, il avait fini par échouer complètement aux Cinq-Cents. On se demande à quoi il songeait lorsque, repoussé de la salle, il attendait tristement l'issue de la scène violente qu'il avait provoquée sans pouvoir la dominer. Qu'aurait-il fait sans son frère, et même avec l'appui de Lucien, que serait-il devenu, si, au moment où la très-grande majorité du Conseil se préparait à lancer sur lui l'interdit, cent hommes conduits par Jourdan eussent paru à la porte opposée? son rôle n'était-il pas fini et la conjuration renversée? Sieyès et Ducos se seraient-ils fait prier pour monter dans les chaises de poste attelées de six chevaux qui les attendaient à la grille de Saint-Cloud? Ne faut-il pas en conclure que ce n'est pas l'acteur qui a fait réussir la pièce, et que si elle n'a pas échoué, c'est qu'il y avait pour elle, dans l'ensemble de la situation, des éléments de succès irrésistibles?

La république périssait, et il était à peine besoin de lui donner un dernier coup pour l'achever. Au lieu d'exciter de l'intérêt, les victimes qui avaient cependant la légalité pour elles parurent ridicules.

On ne parla longtemps que de ces faux Romains qui s'étaient embarrassés dans les plis de leur toge en sautant par les fenêtres de l'orangerie; et pourtant ils n'avaient pas manqué de courage individuel; ils avaient résisté autant qu'ils l'avaient pu, mais personne ne songea à les secourir ou à les venger : la France était lasse de la cause qu'ils représentaient!

Quand l'expulsion des Cinq-Cents eut été consommée, tout fut fini, et il n'y eut plus qu'à enregistrer les résultats de la victoire.


## VII


Les Anciens restés en séance, après le départ de Bonaparte et dans l'ignorance de ce qui se passait aux Cinq-Cents, étaient encore dans une certaine indécision et discutaient pour savoir s'il fallait ou non prêter serment à la Constitution de l'an III. Tout à coup un membre qui venait de sortir rentre précipitamment, et annonce que Bonaparte l'a fait appeler et lui a appris qu'il avait été accueilli par des poignards dans la salle des Cinq-Cents. A cette nouvelle l'Assemblée se forme prudemment en comité secret.

Une demi-heure après, un membre des Cinq-Cents vient annoncer que ce Conseil a été violemment dissous; mais Lucien accourt aussitôt, raconte à sa manière ce qui s'est passé, témoigne l'espoir que bientôt la partie honnête de ce Conseil se réunira autour de lui et demande, en attendant, aux Anciens d'indiquer le remède en proclamant le résultat de leurs méditations : « Que les faisceaux consulaires, ce signe glorieux de la liberté de l'ancien monde, se lèvent pour démentir nos calomniateurs et rassurer le peuple français! »

Et le Conseil obéissant à cet avis, ne sachant pas si on pouvait reconstituer une ombre des Cinq-Cents, « attendu la retraite de ce Conseil, vu la démission des quatre directeurs et la mise en surveillance du cinquième, se considérant comme la seule autorité restée debout, décrète qu'il sera nommé une commission exécutive de trois membres et une commission législative intermédiaire, prise dans le Conseil des Anciens. »

Cependant Lucien, qui venait de se remettre en campagne, plus habile ou plus heureux qu'on ne l'avait cru d'abord, était parvenu à rassembler un certain nombre de ses collègues et à en composer un prétendu Conseil des Cinq-Cents, misérablement réduit, auquel manquait avant tout, la valeur numérique de son nom.

Ce parlement croupion, renouvelant les viles adulations de ses prédécesseurs du 18 fructidor, commence par décerner des remercîments et des louanges aux soldats qui ont violé l'enceinte législative et mis à la porte les représentants du peuple. Les termes de ce décret valent la peine d'être reproduits :

« Le Conseil des Cinq-Cents, considérant que le général Bonaparte, les généraux et l'armée sous ses ordres, ont sauvé la majorité du Corps législatif et la République attaquées par une minorité composée d'assassins; considérant qu'il est instant de leur témoigner la reconnaissance nationale, décrète :

« Le général Bonaparte, les généraux Lefebvre, Murat, Gardanne, les autres officiers généraux et particuliers dont les noms seront proclamés, les grenadiers du Corps législatif et du Directoire exécutif: les 6ᵉ, 79ᵉ, 96ᵉ de ligne; le 8ᵉ et 9ᵉ de dragons, le 21ᵉ de chasseurs à cheval, et les grenadiers qui ont couvert le général Bonaparte de leurs corps et de leurs armes ont bien mérité de la patrie. »

On voit que personne n'était oublié !

> . . . . . . . . . jusqu'aux simples mâtins,
> Au dire de chacun étaient de petits saints !

Le président Lucien célèbre ensuite en termes pompeux sa glorieuse victoire.

Boulay de la Meurthe, l'orateur du 18 fructidor, au nom de la commission chargé d'examiner un projet de résolution contenant des mesures de salut public, fait un rapport dans lequel il donne encore avec la plus grande aisance son coup de pied aux vaincus ; cette Constitution de l'an III, à laquelle, il y a deux ans, on devait tout sacrifier, à laquelle il offrait alors une hécatombe de proscrits, cette même constitution était maintenant la cause de tout le mal ; il fallait à tout prix la détruire et immoler avec elle tous ceux qui avaient l'audace de la défendre !

Cabanis, l'ami, le médecin de Mirabeau, vient à son tour déclarer que si le peuple, réduit au désespoir, ne voyait faire promptement dans l'état de la législation les changements que son intérêt exige, il serait prêt à se soulever comme en 89 d'un mouvement spontané, qui ne manquerait pas de précipiter dans le même gouffre et la Constitution, et la République, et la liberté.

« Il périrait bientôt sans doute, ajoutait-il, le tyran qu'un aveugle enthousiasme aurait investi d'un pouvoir arbitraire ; mais c'en serait fait pour toujours de la grande nation ; à la suite de ces nouvelles crises révolutionnaires, il ne resterait plus personne pour relever l'édifice de la liberté, et les peuples étonnés, en contemplant nos débris, ne rappelleraient les grandes choses que nous avons opérées depuis dix ans que pour en faire tourner les derniers résultats à notre éternelle confusion. »

Si Cabanis était sincère, comment ne voyait-il pas qu'il frayait au moment même la voie au tyran dans les bras duquel la nation éperdue allait se jeter ?

Le projet de décret fut adopté à l'unanimité. Ils étaient vingt-cinq ou trente, dit le futur comte Cornet qui, en sa qualité de président de la Commission des inspecteurs du Conseil des Anciens, s'était donné à lui-même les fonctions de ministre de la police à Saint-Cloud.

Voici les termes du décret ; ils appartiennent à l'histoire !

Article premier. — Il n'y a plus de Directoire, et ne sont plus membres de la représentation nationale pour les excès et les attentats auxquels ils se sont constamment portés, notamment le plus grand nombre d'entre eux, dans la séance de ce matin :

Suivent les noms de 62 députés.

Art. 2. — Le Corps législatif crée provisoirement une commission consulaire exécutive, composée des citoyens : Sieyès, Roger Ducos, ex-directeurs, et Bonaparte général : ils porteront le nom de consuls de la République Française.

Art. 3. — Cette commission est investie de la plénitude du pouvoir directorial, et spécialement chargée d'organiser l'administration, de rétablir la tranquillité intérieure et de procurer une paix honorable et solide.

Art. 4. — Le Corps législatif s'ajourne au 1ᵉʳ ventôse prochain.

Art. 5. — Pendant l'ajournement du Corps législatif, les membres ajournés conservent leur indemnité et leur garantie constitutionnelle.

Art. 6. — Ils peuvent, sans perdre leur qualité de représentants du peuple, être employés comme ministres et dans toutes les fonctions civiles. Ils sont même invités au nom du bien public à les accepter.

Art. 7. — Avant sa séparation et séance tenante, chaque Conseil nommera dans son sein une commission composée de vingt-cinq membres.

Art. 8. — Ces commissions statueront, avec la proposition formelle et nécessaire de la commission consulaire exécutive, sur tous les objets urgents de police, de législation et de finance.

Art. 9. — La commission des Cinq-Cents exercera l'initiative : la commission des Anciens l'approbation.

Art. 10. — Ces deux commissions sont encore chargées de préparer les changements à apporter aux dispositions organiques de la Constitution dont l'expérience a fait sentir les vices.

Art. 11. — Ces changements ne peuvent avoir pour but que de consolider, garantir, et consacrer inviolablement la souveraineté du peuple français, la République une et indivisible, le système représentatif, la division des pouvoirs, la liberté, l'égalité, la sûreté et la propriété.

Art. 12. — La commission exécutive pourra leur présenter ses vues à cet égard.

Art. 13. — Enfin les deux commissions sont chargées de préparer un Code civil.


Ce beau travail, qui n'était autre que le plan même dicté et imposé par Bonaparte à Sieyès et à Lucien, est immédiatement envoyé par un message au Conseil des Anciens.

Celui-ci se hâte d'approuver la communication qui lui est faite et voyant qu'il s'était trop pressé quand il avait par provision délibéré à lui seul les mêmes choses, rapporte le décret précédemment rendu et se borne à confirmer celui des Cinq-Cents ; il nomme aussitôt les membres de sa commission législative.

Le décret revient aux Cinq-Cents, et ce Conseil nomme aussi sa commission. Tout se trouve ainsi terminé, et une adresse est votée au peuple français pour lui apprendre qu'il vient encore une fois d'échapper aux fureurs des factieux.

Un membre demande alors que les trois consuls soient invités à paraître dans le sein du Conseil pour prêter le serment *de fidélité inviolable* à la souveraineté du peuple, à la république française, etc.

C'est en leur présence que Lucien Bonaparte, monté cette fois au Capitole, prononce une harangue dont il faut lire les termes dans le procès-verbal même, pour croire qu'ils aient pu être prononcés dans un pareil moment.

«Représentants du peuple, la liberté française est née dans le Jeu-de-Paume à Versailles ; depuis l'immortelle séance du Jeu-de-Paume elle s'est traînée jusqu'à vous en proie tour à tour à l'inconséquence, à la faiblesse et aux maladies convulsives de l'enfance.

« Elle vient aujourd'hui de prendre la robe virile.

« Représentants, entendez les bénédictions du peuple et des armées !

« Entendez aussi le cri sublime de la postérité : Si la liberté naquit dans le Jeu-de-Paume de Versailles, elle fut consolidée dans l'Orangerie de Saint-Cloud ; les constituants de 89 furent les pères de la révolution, mais les législateurs de l'an VIII furent les pères et les pacificateurs de la patrie.

« Ce cri sublime retentit déjà dans toute l'Europe.

« Dans trois mois, vos consuls et vos commissaires vous rendront compte de leurs opérations...

« Je déclare au nom du Corps législatif que le Conseil des Cinq-Cents s'ajourne au 1<sup>er</sup> ventôse, dans son palais. »

Hélas ! le Conseil des Cinq-Cents avait vécu et ne devait plus reparaître.

Les trois consuls prêtent ensuite serment *de fidélité inviolable*, etc., au milieu d'un enthousiasme indescriptible.

La même cérémonie se répète au Conseil des Anciens, et c'est ainsi que se terminent, le 20 brumaire à cinq heures du matin, l'enterrement de la République démocratique, et l'enfantement du Consulat impérial !

Dans son discours de clôture, Lucien Bonaparte venait, sans s'en douter, de donner la moralité de ce double événement. Il avait eu l'idée singulière de rapprocher et de confondre le premier et le dernier jour de la Révolution, son orgueilleux début et sa fin misérable ; mais au lieu de supposer que les scènes de Saint-Cloud étaient le couronnement de la séance du Jeu de Paume, il aurait dû reconnaître qu'elles en étaient le démenti et l'expiation.

## VIII

Délivrée de la tyrannie des factions révolutionnaires, qui l'opprimaient depuis dix ans, sous tant de formes diverses, la masse de la nation, qui n'aperçoit jamais que le moment présent, éprouva un soulagement immense et applaudit à la contre-révolution qui venait de s'accomplir. Elle ne s'arrêta pas aux moyens, elle ne vit que les résultats et se déclara satisfaite. On jeta un voile sur les scènes de violence de Saint-Cloud ; le 19 brumaire resta dans l'ombre et s'effaça, dans l'histoire officielle, devant la date du 18 qui marqua seule l'avénement du nouveau pouvoir.

Dépouillant le rôle de matamore qu'il avait pris la veille, Bonaparte parut le lendemain un chef d'État ferme et grave et entreprit bravement la tâche de réorganisation qui devait aux yeux du public justifier son entreprise. Il fit rapporter aussitôt la loi des otages et celle de l'emprunt forcé : les proscrits du 18 fructidor furent rappelés ; la liste des émigrés fut close, et les radiations facilitées ; les parents d'émigrés cessèrent d'être exclus des fonctions publiques ; au lieu de serments qui outrageaient leurs consciences, les prêtres ne furent plus astreints qu'à une simple promesse d'obéissance aux lois ; toutes ces mesures honnêtes et réparatrices furent acceptées comme des bienfaits d'autant plus précieux qu'ils avaient tout le caractère de la nouveauté.

Mais ces bienfaits étaient la suite d'un acte illégal et violent ; ils émanaient d'une volonté unique qui y trouvait alors son avantage ; les plaies saignantes du présent étaient cicatrisées, mais rien ne garantissait l'avenir. Un homme seul était devenu le maître absolu de la France, et l'idée mère de 89, la participation effective des citoyens aux affaires publiques, cette idée succombant sous ses propres excès venait de rendre le dernier soupir.

C'est, à nos yeux, une bien grande erreur de supposer, comme de nos jours encore on a voulu le prétendre, « que la crise du 18 brumaire, loin d'impliquer l'abjuration des idées et des espérances professées en 1789, en fut au contraire l'éclatante confirmation, dans la pensée des auteurs de cette journée [1]. » Si quelques-uns d'entre eux pouvait avoir à cet égard des illusions, elles ne furent pas de longue durée, et aucun ne se plaignit.

Pour avoir la solution de ce problème historique, il n'y a qu'à

___

[1] M. de Carné ; *Etudes sur l'histoire du Gouvernement représentatif*, t. I, p. 301.

jeter un coup d'œil sur cette Constitution de l'an VIII, rêvassée par Sieyès et refaite par Bonaparte. De toutes ces combinaisons artificielles de listes de notabilités, communale, départementale, nationale, dressées par les citoyens et dans lesquelles devaient être choisis les fonctionnaires de tout ordre aussi bien que les législateurs, il ne resta plus qu'un article XIV de la Constitution ainsi conçu : « Les citoyens qui seront nommés pour la première formation des autorités constituées, feront partie nécessaire des premières listes d'éligibles. »

C'était renverser et détruire toute la théorie de Sieyès!

Et qui devait procéder à cette première formation des autorités, parmi lesquelles se trouvaient compris les tribuns et les membres du Corps législatif? Le Sénat.

Et qui devait nommer le Sénat, ou du moins la majorité de ses membres? les deux consuls sortants, Sieyès et Roger Ducos, joints aux deux consuls nouveaux, Cambacérès et Lebrun. Le Sénat se complétait ensuite lui-même et procédait aux nominations qui lui étaient attribuées.

Ainsi donc quatre individus étaient substitués à la nation tout entière, et elle devait assister muette à ces élections d'un nouveau genre.

On n'a jamais rien vu de pareil dans aucun temps ni dans aucun pays.

Le premier consul, il est vrai, restait officiellement en dehors de ces nominations, mais, qui peut douter que ses quatre collègues n'écrivissent sous sa dictée?

Quant à lui, il avait rejeté bien loin le rôle inerte de grand électeur que Sieyès voulait lui imposer, et il s'était largement départi toutes les fonctions du gouvernement; ses deux collègues n'étaient que des comparses n'ayant auprès de lui que voix consultative.

Soit dépit, soit orgueil, Sieyès refusa d'être l'un des consuls accessoires. En récompense de sa docilité, le premier consul lui fit attribuer comme don national la terre de Crosne, aux revenus de laquelle il ajoutait son traitement de sénateur et un pot de vin de six cent mille francs, qu'il avait retiré du Directoire ; c'était, disait-il, sa poire pour la soif.

C'est ainsi que s'éteignit dans la déconsidération publique et l'obscurité la plus complète, cet orgueilleux théoricien qui avait porté les premiers et les plus rudes coups à l'ancienne monarchie.

L'auteur du pamphlet sur le Tiers-État allait devenir comte, et Lebrun faisait ainsi son épitaphe politique :

> Sieyès à Bonaparte avait promis un trône,
> Sous ses débris brillants voulant l'ensevelir;
> Bonaparte à Sieyès a fait présent de Crosne,
>     Pour le payer et l'avilir.

La Constitution présentée au peuple, mais mise en vigueur avant le recensement des votes, était précédée d'un préambule, où on lisait ce qui suit :

« La Constitution est fondée sur les vrais principes du gouvernement représentatif.

« Elle place dans les institutions qu'elle établit les premiers magistrats dont le dévouement a paru nécessaire à son activité.

« Citoyens, la révolution est fixée aux principes qui l'ont commencée ; *elle est finie.* »

C'est-à-dire que pour débuter, il n'y avait pas d'élections du tout. et que, dans l'avenir, il n'y en aurait que la fiction.

Et l'on osait déclarer que la révolution était finie et fixée aux principes qui l'avaient commencée.

Elle était finie, cela est vrai, mais par la négation de ses anciens principes et au profit personnel de ceux qui y avaient pris part [1].

On sacrifiait les idées, on sauvegardait les intérêts de la révolution, et cela devait suffire ; c'est ce qui a fait le succès du 18 brumaire.

Cette même Constitution, qui faisait si bon marché de la liberté électorale, gardait un silence absolu sur la liberté de la presse et la livrait par conséquent à l'arbitraire du pouvoir. Depuis les proscriptions du 18 fructidor, les journaux ne possédaient plus de garanties réelles [2]. La police leur faisait de temps à autre sentir sa puissance. Le premier consul n'eut garde d'y manquer pour son compte ; par une de ses premières mesures, il réduisit les

---

[1] Spectacle curieux et digne d'être médité ! M. Sieyès, esprit profond et élevé..., avait parcouru en dix ans ce cercle d'agitation, de terreur, de dégoûts, qui avaient conduit la plupart des républiques du moyen âge et la plus célèbre d'entre elles, celle de Venise, au livre d'or et à un chef nominal. Il avait abouti à l'aristocratie vénitienne, constituée au profit des hommes de la Révolution... mais on n'improvise pas l'aristocratie, on n'improvise que le despotisme. — (Thiers, *Cons et Emp.*, t. I<sup>er</sup>, p. 86-87).

[2] Lors de la révolution directoriale du 30 prairial, on avait abrogé la loi du 19 fructidor, qui mettait les journaux et les clubs sous la main du Directoire ; mais le pli était pris et la police continua à ne pas se gêner avec la presse. Le 17 fructidor de l'an VII, Fouché avait fait saisir les rédacteurs de onze journaux.

journaux à treize, et il les avertit en même temps qu'au moindre écart ils seraient supprimés.

La liberté de discussion, exclue du Corps législatif absolument muet, n'avait d'asile que dans le Tribunat, privé d'ailleurs de tout droit effectif ; car il devait se borner à donner son avis sur les projets de lois, et son opposition n'empêchait pas de passer outre.

Enfin, pour couronner cet ensemble de dispositions autoritaires, un article de la Constitution proclamait *l'irresponsabilité des consuls.*

Et voilà ce que l'on appelait la république ! elle n'en fut pas moins acceptée par trois millions de votants contre quinze cents : mais on n'avait pas attendu la constatation de cette formalité, qui n'eut lieu qu'au mois de mars suivant, pour faire fonctionner la Constitution mise en vigueur dès le mois de décembre précédent.

L'égalité civile survivait seule à ce grand naufrage des principes de 1789, mais qui ne sait que cette égalité se concilie à merveille avec le despotisme, et qu'elle en est même souvent un des auxiliaires les plus utiles ?

Ce qui n'empêchait pas le premier consul de rêver déjà des distinctions honorifiques et de préluder, par la création de la Légion d'honneur, au rétablissement d'une noblesse héréditaire et même féodale.

Nous n'écrivons pas l'histoire du Consulat, et ne voulons pas d'ailleurs nier le mérite d'un grand nombre de ses réformes administratives ; mais il est impossible de ne pas reconnaître que toutes ses créations étaient autant de pierres d'attente destinées à servir de support à ce trône qui s'élevait déjà pièce à pièce dans la pensée du futur Empereur.

Le Concordat lui-même, une de ses plus grandes œuvres, fut bientôt altérée par les articles organiques qui contenaient en germe les luttes avec le Saint-Siége et les actes oppressifs de Fontainebleau.


## IX


Un publiciste d'une pénétration merveilleuse, dont la plume indépendante était réfugiée à Londres, Mallet du Pan ne se trompait pas sur le caractère de cet épilogue de la Révolution, et en démêlait déjà la portée et les conséquences :

« Quel est le Français assez simple pour douter que, chef d'une armée et chef politique d'une nation, Bonaparte n'est dans le fait et pour le moment un pouvoir absolu.

« Cette révolution, d'un ordre tout nouveau, nous paraît aussi fondamentale que le fut celle de 1789 ; elle est la première où le pouvoir militaire ait absolument dominé le pouvoir civil. Quoique Bonaparte ait semblé recevoir l'impulsion, il la donnait ; quoiqu'il reçût des mains de cent députés, clandestinement convoqués au Conseil des Anciens, le bâton de commandement, il l'avait déjà en qualité de chef de la conjuration.....

« Bonaparte a la tête dans les nues ; sa carrière est un poëme ; son imagination un magasin de romans héroïques..... Qui fixerait le point où il s'arrêtera ? est-il assez maître de ses sentiments, des choses, des temps et de sa fortune, pour le fixer lui-même ?

« Les héros qui savent battre les Autrichiens et les Cosaques sont assez communs ; mais les Timoléon et les Thrasybule sont très-rares. De cette ambition vulgaire qui renverse des autorités pour se mettre à leur place, il y a loin à l'esprit généreux et sublime d'un chef puissant qui profite d'un moment de succès extraordinaire pour s'abjurer lui-même et rendre à sa patrie le supérieur légitime et les lois qui garantiraient sa liberté.... C'est sur sa tête que Bonaparte placerait la couronne, s'il était question de couronne à recomposer. »

Voilà ce qu'on lisait dans le *Mercure britannique*, publié quinze jours après l'événement, en novembre 1799.

Il est pourtant des historiens qui, dans leur admiration sans réserve pour la Révolution française, ont voulu depuis justifier ce triste dénouement de brumaire.

« Il fallait, disent-ils, que la Révolution prît le caractère militaire pour lutter avec l'Europe et se constituât à l'intérieur d'une manière solide et forte sous la main d'un chef politique : le 18 et le 19 brumaire furent donc nécessaires : peut-être le 20 fut-il condamnable, et encore pourrait-on répondre que le grand acteur de ces journées venait continuer non pas la liberté qui ne pouvait exister encore, mais la Révolution sous les formes monarchiques [1]. »

Ces écrivains ne se sont pas aperçus qu'en soutenant cette thèse ils condamnaient la Révolution dans le passé, et exposaient l'avenir à d'immenses périls.

N'est-ce pas avouer en effet que cette nation bouleversée ayant rompu tout frein et renoncé à ses traditions, était incapable de se gouverner elle-même, et avait besoin d'un maître pour la soutenir et la diriger ?

---

[1] Voyez les histoires de la Révolution les plus renommées publiées sous la Restauration et depuis, jusqu'à l'avènement du second empire, où les appréciations se sont modifiées

En distinguant la Liberté de la Révolution, on enlève à celle-ci sa seule excuse et sa raison d'être; ce n'est plus alors qu'une ligue d'ambitions et d'intérêts, livrée à tous les calculs de l'égoïsme et aux caprices de la force.

Après avoir servi à expliquer le Jacobinisme de Robespierre et le despotisme de Napoléon, cette théorie a donné de nos jours naissance au 2 décembre, ce nouveau 18 brumaire, et c'est elle qui a fait du Bonapartisme un parti dynastique, survivant à l'admiration viagère d'un grand homme, et fondant ses projets de domination sur la doctrine dissolvante de la souveraineté du peuple : compétition doublement funeste au Droit monarchique et à la Liberté parlementaire et, qui en divisant les hommes d'ordre, porte la plus grave atteinte aux forces honnêtes de la société.

Non, on n'échappe pas ainsi aux lois de la logique et de la morale. Toutes les choses de ce monde se ressentent de leur origine. Un coup de force, exécuté par un victorieux ne comportait pas plus dans le présent que dans l'avenir des institutions libres et durables. Le Consulat contenait en germe l'Empire, et l'Empire, c'était l'asservissement du monde, ou le sort de la France livré au jeu des batailles.

Si l'on admet comme nécessaires les journées des 18 et 19 brumaire, il est impossible de ne pas accepter aussi celles qui les ont suivies et en sont inséparables. Il faut ainsi en arriver à cette triste et inéluctable conclusion : le mouvement politique de 1789, détourné par la passion et les violences de ses voies régulières, aboutissait à un avortement.

Le *Génie du christianisme* se termine par un chapitre dont le titre seul est saisissant : « Quel serait l'état du genre humain, si la religion chrétienne n'avait pas paru sur la terre ? »

On pourrait se poser ici une question analogue et se demander ce que serait devenue la société française, si la Restauration ne lui avait rendu en 1814 la paix et la liberté.

Il est vrai qu'abusant des bienfaits de la Providence, notre malheureux pays est rentré une fois de plus dans la carrière des révolutions; il a passé par les mêmes phases de désordre et de servitude, et n'en voit pas encore le terme.

Ces épreuves renouvelées avec une précision singulière devraient porter avec elles un enseignement décisif; mais hélas ! il semble que l'expérience ne corrige personne, pas plus les nations que les individus.

PARIS. — E. DE SOYE ET FILS, IMPR., 5, PL. DU PANTHÉON.

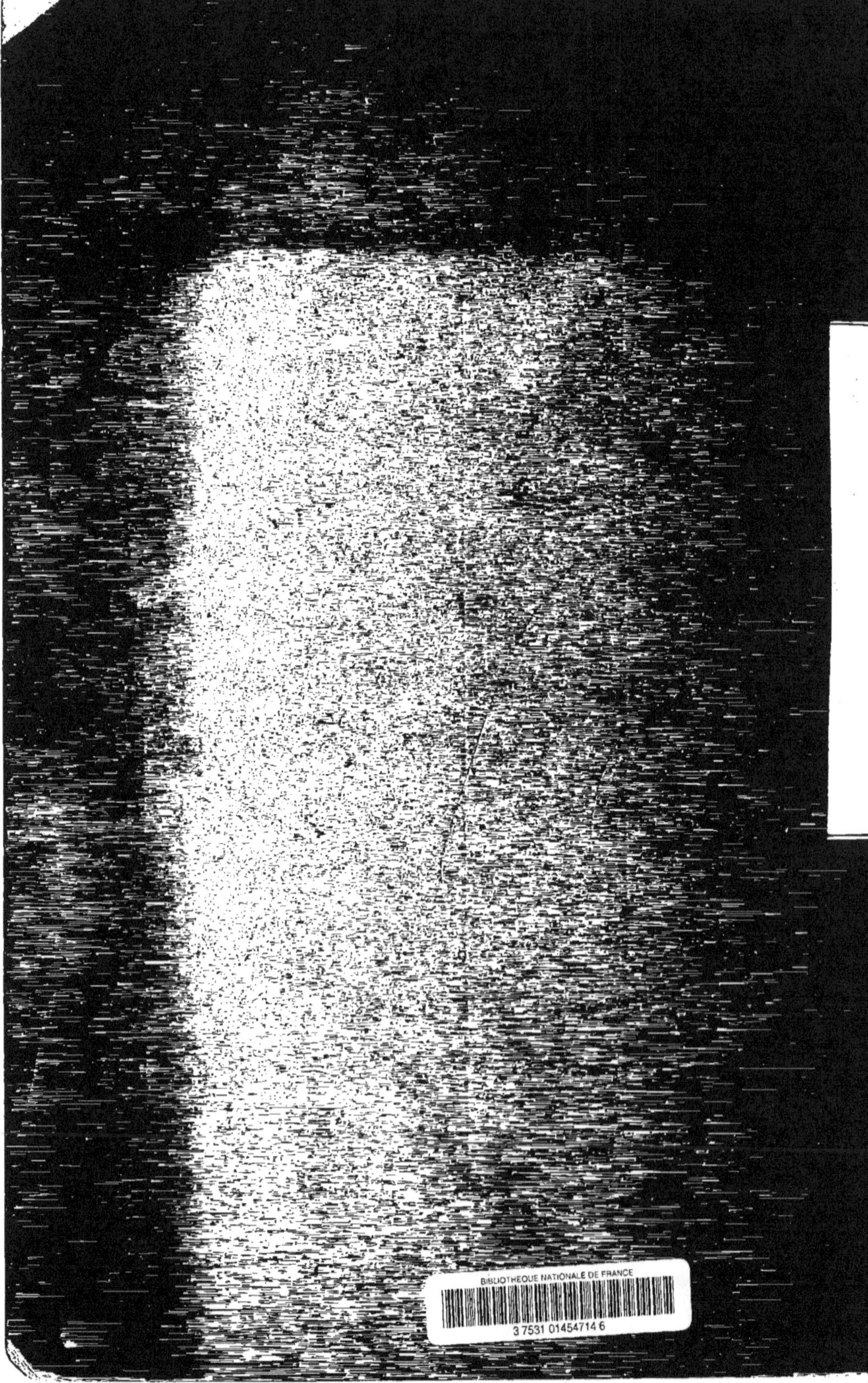